ized by Google

EXPLORATION ARCHÉOLOGIQUE DE L'INDE
ET DU NÉPAL

DIJON, IMPRIMERIE DARANTIERE

65, Rue Chabot-Charny, 65

EXPLORATION ARCHÉOLOGIQUE DE L'INDE

ET DU NÉPAL

RÉSULTATS DE LA MISSION

DU Dʳ GUSTAVE LE BON

RAPPORT

ADRESSÉ AU MINISTRE DE L'INSTRUCTION PUBLIQUE

JOINT A L'ENVOI DE CINQ VOLUMES IN-4°
DE PLANCHES ET DE TEXTE CONTENANT LA REPRODUCTION ET LA DESCRIPTION
PAR L'AUTEUR DES MONUMENTS QU'IL A ÉTUDIÉS DANS L'INDE

PARIS — 1887

Paris, le 12 janvier 1886.

MONSIEUR LE MINISTRE,

<small>But de la Mission archéologique dans l'Inde.</small> Par arrêté ministériel du 8 mai 1884, votre prédécesseur a bien voulu me confier une mission ayant pour but « *de rele-« ver, étudier et décrire les principaux monuments archi-« tectoniques de l'Inde, depuis les époques primitives, jus-« ques et y compris la période mogole.* »

J'ai l'honneur de vous adresser aujourd'hui les résultats de cette mission. Ils sont contenus dans un volume de texte manuscrit in-4° et quatre volumes renfermant plus de quatre cents planches inédites exécutées uniquement par moi. Le présent rapport joint à ces cinq volumes a pour but de résumer succinctement le travail accompli.

Avant d'aborder l'exposé de mes propres recherches, je crois nécessaire de dire quelques mots de celles précédemment entreprises sur le même sujet, afin de marquer nettement les limites de la tâche que je devais tenter d'accomplir.

<small>Insuffisance des documents littéraires pour la connaissance de la civilisation ancienne de l'Inde.</small> Depuis que l'intérêt des savants européens s'est tourné vers l'Inde, tous les travaux relatifs à cette contrée ne sont guère sortis du domaine de la linguistique. La connaissance des

œuvres littéraires de l'Inde ne pouvait cependant nous révéler que bien peu de chose sur son passé. Dans le monceau d'écrits que les anciens auteurs nous ont laissé, il ne se trouve pas un seul livre d'histoire. Les Védas, le Ramâyana, le Mahâ Bharata, les Pouranas, et quelques livres analogues, seuls ouvrages où il soit possible de puiser quelques renseignements sur l'Inde ancienne, nous parlent d'événements merveilleux appartenant beaucoup à la légende, bien peu à l'histoire, et la chronologie en est totalement absente. Les lois de Manou, fort importantes au point de vue des idées et des institutions, ne nous apprennent rien quant à l'histoire.

Mais à défaut de documents historiques, l'Inde possède une mine précieuse de matériaux architectoniques, dont l'étude est destinée à éclairer d'une vive lueur les origines et les développements de sa civilisation passée. Les masses imposantes de ses monuments et leur étonnante richesse nous redisent la splendeur des temps qui les ont vus naître ; leurs inscriptions nous révèlent l'existence de peuples sur lesquels les livres sont muets ; les bas-reliefs innombrables dont ils sont couverts nous montrent les croyances et nous font pénétrer dans la vie intime des races qui les ont créés.

Ce n'est qu'à une époque bien récente que l'importance de cette source d'informations a été soupçonnée. Alors que la littérature sanscrite occupe beaucoup de savants et enfante un nombre considérable de volumes, alors que des chaires sont consacrées dans toutes les grandes capitales de l'Europe à son enseignement, l'étude des monuments de l'Inde, bien autrement intéressante pourtant, est presque entièrement délaissée et on peut dire qu'en Europe son importance est généralement méconnue.

Dans l'Inde même l'étude des monuments commence à peine à être ébauchée. Les savants anglais qui l'habitent sont les premiers à reconnaître que ce qui a été fait jusqu'ici, d'abord pour conserver les monuments, ensuite pour les étudier, est véritablement peu de chose.

En ce qui concerne le défaut de conservation des monuments de l'Inde, l'unanimité des écrivains qui se sont occupés de ce sujet est complète.

<small>Opinion des Anglais relativement à la destruction actuelle des monuments de l'Inde.</small>
« Il est impossible, écrivait en 1871 le général Cunningham, « Directeur du service archéologique à Calcutta, de traverser « l'Inde sans être frappé de la négligence avec laquelle a été « traitée la plus grande portion des restes de l'architecture « dans cette contrée. Durant un siècle de domination anglaise, « le gouvernement n'a à peu près rien fait pour la préserva- « tion de ses anciens monuments. A défaut d'histoire écrite « ils forment pourtant la seule source d'informations sur l'an- « cienne condition de la contrée. Beaucoup disparaîtront pour « toujours, à moins qu'ils ne soient conservés par de claires « descriptions et des dessins. »

Quinze ans se sont écoulés depuis que les lignes qui précèdent ont été écrites, et les progrès de la civilisation européenne dans l'Inde n'ont fait que précipiter la destruction des monuments. Rien n'a été fait pour en assurer la conservation, excepté quand il s'agissait de ceux que renferment les deux ou trois grandes métropoles de l'Inde, telles que Delhi et Agra par exemple. Les édifices qui ont échappé à la destruction n'ont été préservés que parce qu'ils sont généralement situés dans des régions presque inaccessibles. Lorsqu'une route, un chemin de fer, viennent malheureusement à passer dans leur voisinage, piliers, colonnes, statues servent à construire des ponts et à paver des chaussées. On peut voir dans une brochure datée de 1882, du major Coles, Conservateur des monuments de l'Inde, des preuves nombreuses de ce vandalisme, dont j'ai eu moi-même à constater bien des fois les traces. L'auteur,

— 8 —

malgré la réserve forcée que lui imposa sa situation officielle, arrive à cette conclusion : que les monuments « ont souffert « et continuent à souffrir bien plus du fait d'actes dont le « gouvernement est responsable que des effets du temps et des « accidents naturels. »

Cette destruction rapide des monuments de l'Inde devait, suivant la sage recommandation de Cunningham, engager à conserver au moins leur image. Cette nécessité est d'autant plus grande que ce n'est pas au point de vue archéologique seul que ces monuments présentent un intérêt très grand ; au point de vue artistique pur, leur intérêt n'est pas moins considérable. Jamais artiste européen du Moyen Age n'a fouillé la pierre avec un tel art, une telle patience. Par suite des progrès de la civilisation, les efforts de l'humanité se sont dirigés dans une autre voie, et ces œuvres merveilleuses, qui occupèrent des générations d'hommes et absorbèrent les fortunes de royaumes, les races de l'avenir ne les verront plus naître. Il semble donc de toute nécessité de conserver au moins l'image de ces vestiges du passé. Quelques tentatives ont été faites dans cette intention, elles n'ont conduit qu'à des résultats d'une insuffisance véritablement bien grande.

*Etat actuel de la science sur l'architecture de l'Inde. Travaux de l'*Archæological survey* et des savants Anglais. Insuffisance des résultats obtenus.*

Il y a vingt ans que fonctionne dans l'Inde, sous les auspices du Gouvernement et sous la direction de l'archéologue éminent cité plus haut, une commission d'étude des anciens monuments. Elle a produit, au prix de sommes énormes et d'un labeur considérable, dix-sept volumes consacrés à l'étude détaillée d'un très petit nombre de monuments. Malheureusement les longues dissertations et les déchiffrements d'inscriptions que contiennent ces volumes, ne sont accompagnés que de plans géométriques absolument impuissants à donner l'idée la plus vague des monuments à ceux qui ne les connaissent pas. Se faire d'après ce travail une image des monuments de l'Inde, serait aussi impossible que de se représenter une cathédrale gothique d'après la figure qui en resterait sur le sol si on avait rasé ses murs à quelques centimètres de terre. Il n'y a pas de dissertations qui puissent remplacer l'image d'un monument, alors surtout qu'il est, comme ceux de l'Inde, chargé de détails et de sculptures de toutes sortes.

En dehors du travail officiel que je viens de citer, il existe un très petit nombre de monographies des monuments, notamment celles de Burgess, Fergusson, Rajendralala Mitra, etc. Généralement fort supérieures aux documents précédents, elles le seraient beaucoup plus encore si les photographies n'en avaient été remplacées le plus souvent par des lithographies généralement trop insuffisantes et trop incomplètes pour rendre les détails d'ornementation et de sculpture qui donnent aux monuments de l'Inde leur caractère spécial.

L'initiative privée n'a guère ajouté aux travaux dont je viens de parler. On possède à la vérité des relations de voyage illustrées, notamment la belle publication de notre compatriote Rousselet, consacrée à la description de diverses régions de l'Inde ; mais ces relations, d'une part, ne décrivent que des régions fort restreintes, et, d'autre part, ne donnent des monuments qu'elles étudient que des vues d'ensemble impuissantes à en faire apprécier les détails. Les mêmes observations s'appliquent au nombre infiniment minime d'ouvrages généraux d'architecture où il est parlé de l'Inde. On ne peut même en citer qu'un seul, écrit malheureusement à une époque déjà ancienne, celui de Fergusson, où l'architecture de l'Inde soit étudiée dans son ensemble.

La photographie n'avait jusqu'ici que bien incomplètement comblé les lacunes que nous venons de signaler.

L'attention des photographes industriels ne s'est portée naturellement que sur les monuments du petit nombre de villes : Delhi, Agra, Lahore, etc., où ils séjournent. Les monuments les plus intéressants étant situés dans des régions fort difficilement accessibles et à peu près ignorées, n'ont pas été reproduits. Même pour les photographies des monuments connus, il n'y a que peu de parti à tirer des reproductions commerciales. Elles sont presque invariablement consacrées à des vues d'ensemble dans lesquelles les détails sont invisibles ; en outre, les parties intérieures des monuments, généralement les plus curieuses et les plus riches, ne sont presque jamais représentées.

Difficultés considérables de l'exploration des anciens monuments de l'Inde. Opinion des Anglais sur ce point.

On ne doit d'ailleurs pas s'étonner de l'insuffisance des documents réunis jusqu'ici sur les monuments par les industriels ou les savants, lorsqu'on sait combien sont difficiles les moyens de communication dans l'Inde, quand on veut s'écarter des grandes routes. Il faut alors emporter à grands frais tout un matériel de campement, et, en dehors des instruments scientifiques, se charger encore de toutes les choses nécessaires à la vie, depuis la farine destinée à fabriquer le pain, jusqu'aux provisions de toutes sortes indispensables dans les jungles désertes, infestées de bêtes féroces et couvertes de miasmes redoutables.

Les difficultés de telles explorations sont parfois formidables ; c'est à elles qu'un des plus intrépides explorateurs de l'Inde, Eastwick, attribue, dans sa récente publication, *Handbook for Madras Presidency*, l'insuffisance de documents relatifs aux monuments de l'Inde. « Intense heat and « malaria — écrit cet auteur — are great opponents to the « most zealous explorer of antiquities..... Many of the most

— 11 —

« interesting Indian localities are situated among thick
« jungles loaded with noxious vapours and abounding with
« dangerous reptiles and beasts. It is partly for these reasons
« perhaps that the accounts of places furnished by Indian
« travellers are in general so vague and inaccurate (1). »

II

Nécessité d'une méthode nouvelle pour l'étude des monuments de l'Inde.

Ce rapide historique des efforts tentés jusqu'ici pour étudier les monuments de l'Inde et du peu de résultats qu'ils ont produit était nécessaire pour montrer la nature et les difficultés de la tâche dont je m'étais chargé. Je vais exposer maintenant comment j'ai cherché à l'accomplir et dans quelle mesure j'y suis parvenu.

Avant de quitter l'Europe, je connaissais l'étendue des recherches que j'avais à exécuter. Je savais également que le temps qui pouvait leur être consacré serait limité à six mois environ par la saison de l'extrême chaleur et par celle des pluies, pendant lesquelles tout travail en plein air devient impossible. Etudier dans un temps si court, avec les méthodes de dessin et de lever de plan classiques, des monuments nombreux, il n'y fallait pas songer. Alors même, d'ailleurs, que j'aurais disposé de tout le temps nécessaire, l'insuffisance des résultats obtenus dans l'Inde avec ces méthodes eût suffi à me faire chercher les moyens de les remplacer.

Réunir des matériaux et étudier ces matériaux constituent deux opérations bien différentes. C'est à la première, il me semble, que doit être exclusivement consacré le temps et la

---

(1) « La chaleur intense et les fièvres sont de grands obstacles pour
« les plus zélés explorateurs d'antiquités... Un grand nombre des plus
« intéressantes localités de l'Inde sont situées parmi des jungles épaisses,
« infectées de vapeurs dangereuses, peuplées de bêtes féroces et de rep-
« tiles dangereux. C'est en partie sans doute pour cette raison que les
« descriptions des voyageurs sont, en général, si vagues et si inexactes. »

— 12 —

capacité d'attention, limités tous deux, dont un voyageur dispose. L'étude complète des matériaux n'est véritablement possible qu'au retour, dans le silence du cabinet. L'idéal théorique serait donc de découper en morceaux le monument à étudier et l'emporter dans ses bagages pour l'examiner chez soi à son aise. Plus une méthode permettra de se rapprocher de cet idéal, plus elle sera parfaite.

La photographie pourrait tout d'abord sembler suffisante pour atteindre aisément ce but; mais quand on examine les épreuves qui se trouvent dans le commerce, on s'aperçoit bientôt qu'elles laissent beaucoup à désirer. Déformations dues à la perspective ou à la mauvaise position de l'appareil, absence d'échelle permettant de calculer les dimensions du monument représenté, réduction telle des détails qu'il est impossible de les apercevoir; tels sont les défauts qu'on peut reprocher à la presque totalité des photographies commerciales.

Méthode spéciale d'étude des monuments appliquée par l'auteur. C'est cependant en prenant la photographie pour base, mais en soumettant la production des images à certaines conditions particulières et en les combinant avec divers procédés géométriques destinés à permettre de déduire d'images perspectives des mensurations exactes, que nous sommes arrivé à constituer la méthode précise et rapide que nous avons appliquée à l'étude des monuments de l'Inde. Ayant fait connaître dans un mémoire spécial (*l'Inde monumentale, la Méthode*) (1) les procédés et les instruments que j'ai dû imaginer, et ce travail indiquant la solution de tous les problèmes que l'étude des monuments et le lever des plans comportent, il serait inutile d'y revenir maintenant. Je n'y ai fait allusion ici que pour expliquer comment j'ai pu, en six mois, étudier

---

(1) Une nouvelle édition, entièrement refondue, de ce travail, est actuellement sous presse, chez l'éditeur Gauthier-Villars.

avec plus de quatre cents planches à l'appui, des monuments disséminés sur une étendue telle que, pour les visiter, il a fallu parcourir sur le territoire de l'Inde près de quatre mille lieues.

Je crois inutile de donner ici l'énumération des localités visitées et des monuments reproduits. Il suffira de jeter un coup d'œil sur la carte et la table placées en tête de notre premier volume pour voir que les monuments étudiés se trouvent situés dans les régions les plus diverses de l'Inde, y compris des contrées telles que le Népal, interdites absolument aux Européens, et où aucun Français n'avait pénétré encore.

Tout en m'attachant aux monuments les moins connus, parce qu'ils se trouvent être précisément les plus intéressants, je ne pouvais naturellement, dans un travail d'ensemble, négliger ceux qui sont déjà connus. Leur étude n'était pas d'ailleurs inutile, car les planches qui nous les faisaient déjà connaître ne donnent habituellement aucun des détails de leur intérieur. Or, c'est précisément dans ces intérieurs, comme je l'ai déjà fait remarquer, que les artistes Hindous ont dépensé en général le plus d'efforts et de soins.

Malheureusement l'habitude invariable de n'éclairer les temples souterrains ou autres que par l'entrée, fait qu'il y règne à l'intérieur une demi-obscurité aussi peu favorable que possible aux opérations photographiques. La nécessité d'un éclairage artificiel compliqué et coûteux, le peu d'intérêt du public pour ces études, font qu'on ne trouve généralement dans les ouvrages les plus complets aucune reproduction de l'intérieur des temples Hindous. En parcourant celles de nos planches qui sont consacrées aux temples de Kombakonum, Sriringam, Ellora, etc., pour ne parler précisément que d'édifices fort connus, on se convaincra aisément de l'intérêt qu'il y avait à étudier les détails d'ornementation de l'intérieur des édifices religieux de l'Inde. Ce n'est qu'avec de telles reproductions que l'étude de la statuaire dans ce pays, à peine ébauchée aujourd'hui, devient possible. Les détails d'ornementation de tous ces mystérieux sanctuaires ouvrent aux artistes un monde d'études que leur éducation classique ne pouvait leur faire pressentir.

Nos matériaux réunis, il fallait les étudier, les classer et tirer de leur examen un travail d'ensemble. C'est à ce travail qu'est consacré un volume de texte. Mes planches contenant assez de détails pour rendre inutiles de longues descriptions, je me suis attaché surtout aux indications relatives à l'histoire des monuments représentés, aux éléments qui les composent, aux renseignements que leur étude fournit. Ces indications devaient être forcément très concises, à moins de consacrer un nombre considérable de volumes au même sujet. Parmi les monuments que j'ai décrits, il n'en est guère qui ne mériterait à lui seul une de ces grandes monographies telles qu'on en a consacré à des monuments européens beaucoup moins intéressants, l'Alhambra par exemple.

Exemple des ressources que fournissent les monuments pour éclaircir des points obscurs de l'histoire de l'Inde. Explication de la disparition du Bouddhisme dans l'Inde.

Bien que j'aie beaucoup plus cherché à réunir des documents qu'à formuler des théories, je ne voudrais pas terminer ce travail sans montrer par un exemple l'importance des indications que peut fournir l'étude des monuments de l'Inde pour la solution de problèmes sur lesquels les livres sont muets. L'exemple que je choisirai pour type est relatif à l'explication de la disparition à peu près complète du Bouddhisme dans l'Inde à une certaine époque, et de son remplacement par une religion nouvelle.

Personne n'ignore le fait de cette disparition singulière du Bouddhisme dans le pays même qui lui avait donné naissance ; mais pour l'expliquer on n'avait eu recours jusqu'ici qu'à de pures hypothèses. La plus en vogue soutenait que cette disparition avait été violente, et due à des persécutions énergiques. Or l'étude des monuments prouve que le mécanisme de cet événement a été tout autre. L'histoire en est écrite sur les monuments de la façon la plus claire pour qui sait la lire. Ils nous apprennent en même temps à quel point la religion Bouddhique fut différente de ce qu'enseignent les livres et comment elle a évolué à travers les âges. Dans les monuments les plus anciens, c'est-à-dire antérieurs de deux siècles à Jésus-Christ, le fondateur de la religion nouvelle ne figure jamais sur les bas-reliefs. Mais un culte privé de toute personnification et de toute image divine ne pouvait convenir bien longtemps au besoin qu'ont les foules d'adorer des objets visibles. Quelques siècles plus tard, Bouddha apparaît sur les monuments, avec la forme qui fut ensuite classique. Le réformateur est devenu dieu, et s'entoure graduellement des divinités de l'ancien Panthéon Brahmanique. Prédominant d'abord dans cette foule, il s'y noie bientôt de plus en plus, et finit par devenir une simple incarnation de Vishnou. Le Népal (1) se trouve précisément de nos jours dans cette phase de transformation que traversa l'Inde vers le septième ou huitième siècle de notre ère. Les divinités Brahmaniques et Bouddhiques y sont tellement mélangées, leurs attributs tellement confondus qu'il est souvent fort difficile de dire à quel culte un temple est consacré. Il est aisé de pressentir qu'avant deux ou trois siècles le Brahmanisme aura absorbé lentement le Bouddhisme au Népal, par un mécanisme exactement analogue à ce qui dut se passer autrefois dans l'Inde, c'est-à-dire d'une façon toute naturelle et sans persécution aucune.

(1) Depuis l'envoi de ce rapport, l'auteur a publié, dans le journal le *Tour du Monde,* une monographie illustrée (récemment traduite en allemand par le géographe Kiepert), de son voyage au Népal. Elle contient la reproduction des monuments les plus importants du Népal, photographiés pendant son séjour dans cette contrée.

Les monuments nous montrent également d'ailleurs qu'avant d'arriver à se confondre, les deux cultes vivaient en parfaite intelligence ; car, dans beaucoup de localités, à Ellora, à Khajurao, par exemple, temples bouddhiques et jaïniques sont, pendant la même période, construits à côté de temples brahmaniques. Ce n'est guère d'ailleurs que dans les livres qu'on voit les cultes divers de l'Inde présenter des différences fondamentales. Ce sont les livres seuls qui donnent aux dogmes cette fixité apparente que l'Inde n'a jamais connue pour aucune de ses croyances (1).

Je bornerai, Monsieur le Ministre, au court exposé qui précède, ce que j'avais à dire des résultats de la mission dont vous avez bien voulu me charger. En le terminant, je ne crois pas inutile de faire remarquer que ce n'est pas sans de grandes dépenses que ce travail a pu être accompli. Il a fallu plus que tripler, aux dépens de mon budget personnel, la somme que vous m'aviez accordée. Je ne regretterai nullement d'ailleurs ce sacrifice si vous trouvez que j'ai rempli d'une façon satisfaisante la mission que vous avez bien voulu me confier.

Résumé des résultats obtenus par la mission de l'auteur.

Je terminerai ce travail en résumant en quelques lignes les résultats nouveaux obtenus par la mission dont vous avez bien voulu me charger.

1° D'une façon générale, étude des monuments de l'Inde plus complète qu'on ne l'avait faite jusqu'ici. Ce travail d'ensemble fournira des documents précieux aux archéologues, aux savants et aux artistes.

(1) Depuis que ce rapport a été adressé au Ministre, j'ai développé les idées qui précèdent dans l'ouvrage suivant : *les Civilisations de l'Inde*, un volume in-4° de 750 pages, avec 2 cartes, 7 planches en couleur et 350 gravures d'après les photographies, dessins et aquarelles de l'auteur (Paris, Firmin Didot, 1886). Une partie de mes planches ont été publiées dans cet ouvrage.

2° Etude détaillée des monuments fort peu connus de diverses régions, et notamment des monuments du Népal. L'étude de l'architecture de cette dernière région était réclamée depuis longtemps par les indianistes et notamment par Fergusson.

3° Reproduction d'un nombre considérable de statues et de bas-reliefs qui permettent, pour la première fois, de se faire une idée exacte de la statuaire dans l'Inde depuis le II° siècle avant notre ère jusqu'à nos jours.

4° Démonstration, par l'étude des monuments, des causes ignorées jusqu'ici de la disparition du bouddhisme dans l'Inde. Preuves évidentes que le bouddhisme fut, contrairement à l'opinion généralement reçue, le plus polythéiste de tous les cultes.

5° Reproduction d'un grand nombre de monuments ou de parties essentielles de monuments, avec texte explicatif, qui n'avaient encore figuré dans aucun ouvrage. Pour bien mettre ce point en évidence, j'ai fait précéder d'un astérisque, dans la liste des planches annexées à ce rapport, les reproductions de monuments ou de parties de monuments qui n'avaient encore figuré nulle part.

Veuillez agréer, Monsieur le Ministre,
l'hommage de mes sentiments respectueux.

GUSTAVE LE BON.

DOCUMENTS ANNEXES

1° ITINÉRAIRE DE L'AUTEUR DANS L'INDE

Extrait du Bulletin de la Société de Géographie de Paris (N° 13, 1885).

Voici un résumé très succinct de l'itinéraire du voyage que je viens de terminer dans l'Inde pour remplir une mission scientifique dont j'avais été chargé par le gouvernement, et qui avait pour but, suivant un arrêté ministériel en date du 8 mai 1884, « de relever, étudier et décrire les principaux monuments architectoniques depuis les époques primitives, jusques et y compris la période mogole. »

Pour accomplir cette tâche, j'ai dû parcourir l'Inde en tous sens et pénétrer dans les régions les plus inaccessibles, et notamment ce mystérieux Népal, dont l'accès continue à être rigoureusement interdit aux Européens, Anglais ou autres, et qu'aucun Français n'avait visité encore.

Les principales étapes du chemin qui nous a conduit successivement en face des monuments les plus intéressants de l'Inde sont les suivantes :

Partant de Bombay, nous avons étudié d'abord le Radjestan, c'est-à-dire cette région merveilleuse, mais limitée, rendue populaire par le bel ouvrage de M_r Rousselet. Après avoir visité Ahmedabad, Oodeypor, Nagda (où nous avons rencontré des temples admirables qui n'avaient pas encore été décrits), Chittor, Ajmir, Amritsir, Lahore, etc., nous sommes revenu vers l'Inde centrale et avons stationné dans les principales cités de l'ancien empire Mogol : Delhi, Muttra, Binderabun, Futtehpore Sikri, Agra, Gwalior, etc. Revenu par Indore, Omkargi, Ambernath, nous nous sommes dirigé ensuite vers les vastes et mystérieux hypogées de Karli, Ajunta, Ellora, etc.

Remontant de nouveau vers le nord de l'Inde, nous avons vu Bhopal, Bhilsa et ces célèbres monuments de Sanchi, dignes d'être comparés aux œuvres les plus belles de la Grèce et de Rome. Nous avons exploré ensuite le Bundelkund, une des régions les plus sauvages et les moins visitées, et notamment les villes de Mahoba, Banda, Makerbai, Nowgong, et surtout l'ancienne cité de Khajurao. Quarante temples, dont quelques-uns aussi vastes que nos vieilles églises gothiques et couverts d'admirables statues, témoignent de l'étonnante splendeur que devait offrir jadis cette célèbre capitale d'un grand empire, déserte aujourd'hui.

Après une courte visite aux monuments de Bénarès et à ceux, moins célèbres mais beaucoup plus anciens, de Buddha Gaya, nous avons franchi les difficiles passes des premières chaînes de l'Himalaya et pénétré dans le Népal dont nous avons étudié les villes principales : Khatmandou, Bhatgaon, Patan, Buddnath, Pashpatti, etc. Nous y avons trouvé une architecture fantastique telle qu'en montreraient les rêves d'un mangeur d'opium.

Les cités de cet étrange pays peuvent être rangées parmi les plus frappantes d'aspect de toutes celles que nous avons visitées en Europe, en Afrique et en Asie. Elles étaient dignes d'être décrites par l'illustre Jacquemont, qui tenta vainement de les visiter jadis.

Revenu du Népal, nous nous sommes rendu par Calcutta sur les côtes d'Orissa. Ces rives peu hospitalières sont habitées par des hordes demi sauvages; mais les antiques pagodes de Jaggernauth, Bhuwanesvar, etc., méritent leur réputation.

Quittant les côtes d'Orissa, nous nous sommes embarqué pour le sud de l'Inde, dont nous avons étudié toutes les pagodes importantes, y compris celles qui sont à peine connues par suite de la défense faite aux Européens d'y pénétrer, telles que celle de Tripetty. — Conjeveram, Chillambaram, Kombakonum, Trichinopoly, Tanjore, Madura, etc., nous ont montré leurs fascinantes merveilles.

Remontant de nouveau vers le centre de l'Inde, nous avons visité Hyderabad, la curieuse capitale du Nizam, somptueuse cité qui fait songer aux villes orientales du temps des Khalifes; Golconde, jadis célèbre par ses trésors et qui ne possède aujourd'hui que des tombeaux et une forteresse; Beejapoor, une de ces villes mortes, jadis capitales de grands empires et où les palais et les mosquées sont plus nombreux que les maisons.

Descendant encore vers le sud, nous avons exploré les régions si difficilement accessibles du Dharwar, et étudié surtout Badami puis Bijanagar, ancienne capitale du sud de l'Inde entièrement déserte aujourd'hui. Cette cité, grande comme Paris, est pleine de pagodes et de palais merveilleux dont les seuls habitants actuels sont des tigres, des panthères et des serpents. L'impression que j'éprouvai en longeant, par un clair de lune magnifique, une des avenues large comme nos grands boulevards, et bordée de monuments grandioses de cette gigantesque cité, est une de celles qui ne s'effaceront jamais de ma mémoire.

Des monuments de l'Inde, je ne dirai rien ici. Des photographies peuvent seules donner l'idée des étonnantes merveilles qu'on rencontre dans l'Inde, et qui ne sont certainement dépassées par aucune des œuvres de l'architecture classique. Il est regrettable que les plus intéressantes d'entre elles soient situées dans des régions très difficilement accessibles et par conséquent fort peu connues.

Pour visiter tous les monuments importants de la Péninsule, nous avons dû faire près de quatre mille lieues dans des régions souvent privées de routes et coupées par de nombreux cours d'eau. Malgré l'appui que nous ont prêté les princes indigènes, sur la bienveillante recommandation des autorités anglaises, notamment de notre savant ami le général Lyttelton Annesley, et l'hospitalité princière que nous avons reçue partout, le voyage a été très pénible, les nuits passées dans les jungles, à la belle étoile, nombreuses. Bien des Anglais nous ont déclaré du reste qu'aucun de leurs compatriotes n'avait parcouru autant de régions de l'Inde.

Pour économiser le temps, limité fatalement par la saison des pluies et les grandes chaleurs, qui rendent toute circulation impossible, il m'a fallu consacrer les nuits aux voyages. Huit heures par jour environ étaient employées à l'étude des monuments, opération très fatigante, car il fallait travailler en plein soleil, par une température qui atteignait fréquemment 53 degrés centigrades (1). Malgré l'accoutumance des Hindous au climat, j'ai perdu une des personnes de ma suite par un de ces coups de soleil si terribles dans l'Inde, et j'ai rarement traversé des jungles marécageuses sans voir quelques hommes de mes escortes atteints de fièvre. Ces difficultés, et celles qui proviennent de l'insuffisance des moyens de communication et de la nécessité d'emporter avec soi tout un matériel de cuisine et de campement, ont toujours été un sérieux obstacle à l'étude des monuments de l'Inde.....

(1) Pour gagner du temps j'ai bientôt dû renoncer à développer mes clichés photographiques dans l'Inde, cette opération demandant plus de 3 heures de travail chaque nuit. A l'exception des clichés relatifs aux monuments du Radjpoutana que j'ai finis sur place, les autres, ceux du Népal notamment, ont été terminés à Paris, au laboratoire de la Salpêtrière, avec le fort précieux concours de M. A. Londe, le savant directeur du service photographique.

TABLE DES PLANCHES DES CINQ VOLUMES

DE

L'INDE MONUMENTALE *

PAR

Le Dʳ Gustave Le Bon

	PLANCHES
Carte de l'Inde, dressée par l'auteur, indiquant les localités où se trouvent les monuments les plus remarquables	1

LIVRE Iᴱᴿ. — ARCHITECTURE BOUDDHIQUE
(Du Vᵉ siècle avant J.-C. au VIIIᵉ siècle après notre ère)

Ch. Iᵉʳ. — Colonnes commémoratives

Colonnes commémoratives, d'Asoka à Allahabad et à Delhi.	2 et 3

Ch. II. — Temples et monastères creusés dans le roc

Bhaja.	* Intérieur d'un monastère souterrain	4
Karli.	Temples souterrains. Vue générale. Détails divers d'architecture, statues, etc.	5, 6, 7 et 8
Ajunta.	Entrée d'un temple souterrain	9
—	* Sanctuaire d'un temple souterrain.	10
—	Colonnade d'un temple souterrain	11
—	* Chapiteaux et sculptures d'un temple souterrain	12
—	Détails de sculptures.	13
—	Entrée d'un autre temple souterrain. Détails de la façade	14

Ch. III. — Stupas et temples bouddhiques construits sur le sol.

Bharhut.	* Statues (Les sculptures représentées sur cette planche ont été prises sur les lieux. Ce sont les seules qui n'aient pas été transportées à Calcutta)	15

---

* Toutes ces planches ont été exécutées exclusivement par l'auteur, sans aucune assistance étrangère. Elles sont rangées suivant la nouvelle classification des monuments de l'Inde adoptée dans le texte. L'histoire de chaque monument, ses dimensions, la date de sa construction, sont indiquées dans le texte qui accompagne les planches et qui était joint au rapport adressé au Ministre. On rappelle que toutes les planches précédées d'un astérisque sont celles représentant des monuments ou portions de monument n'ayant jamais figuré dans aucun ouvrage.

		PLANCHES
Sanchi.	Vues diverses du tope et des portes	16 à 22
—	* Détails divers des bas-reliefs.	23 à 26
Sarnath.	Grand tope	27
Buddha Gaya.	Grand temple	28 et 29
—	* Portique et sculptures devant le grand temple	30

Ch. IV. — Monuments gréco-hindous du nord-ouest de l'Inde.

Lahore.* Bas-reliefs et sculptures gréco-hindoues des environs de Peshawer 31, 32, 33 et 34

LIVRE II.—ARCHITECTURE DE LA PÉRIODE NÉO-BRAHMANIQUE

(Du VIe au XVIIIe siècle après J.-C.)

Ch. Ier. — Architecture du nord-est de l'Inde

Khandagiri	(Côtes d'Orissa). Temple souterrain : ensemble et détails des sculptures	35 et 36
Bhuwaneswahr	(Côtes d'Orissa). Temple de Parashurameswhara	37 et 38
—	Temple de Rajarani : Détails	39
—	Grand temple de Bhuwaneswahr	40
Jajjernauth	(Côtes d'Orissa). Grand temple	41 et 42
—	— * Temple de Gundichagarhi (intérieur du temple)	43
—	— * Bas-reliefs	44
—	— * Détails des piliers d'une fenêtre sculptée	45
—	— * Statues dans l'intérieur du temple	46

Ch. II. — Architecture du Radjpoutana et du Bundelkund

Khajurao.	* Temple de Vishnou, ensemble	47 et 48
—	* Détails des sculptures couvrant la façade du temple	49
—	* Temple de Kali. Sculptures de la partie postérieure du temple.	50
—	Temple de Kandaria. Ensemble	51
—	Détails du temple précédent	52 et 53
—	* Temple de Moosardhari. Sculptures	54
—	* Temple de Laksmangi. Détails d'ornementation de l'extérieur	55
—	* Sanctuaire du temple précédent	56
—	* Détails des chapiteaux du sanctuaire du temple précédent	57 et 58
—	* Temple de Sahascot.	59
—	* Sanctuaire du temple précédent. Statues de la façade.	60
—	* Temple de Chaturboy. Portion latérale de la façade	61
—	* Chapelle de la déesse Parvarti. Intérieur.	62
—	Temple de Ghantagi. Colonnade	63
—	* Groupes de temples jainas	64
—	* Statues provenant d'anciens temples	65 et 66
Makerbal.	* Ancien temple. Détails de la façade.	67
Mahoba.	* Temple sur le lac.	68
Gwalior.	Télimandir. Vue d'ensemble	69
—	Grand temple Shas Bao. Ensemble	70
—	* Détails du temple précédent	71 à 73
—	* Petit temple Shas Bao. Détails d'ornementation.	74
—	* Statues provenant d'anciens temples	75 et 76

		PLANCHES
Gwalior.	Statues colossales sculptées dans le roc au pied de la forteresse.	77
—	Palais du rajah Man Mandir. Vue d'ensemble	78 et 79
—	* Intérieur du palais précédent. Piliers et détails d'ornementation	80 et 81
Chittor.	Tour de la Victoire	82 et 83
—	* Sculptures d'un ancien temple.	84
—	* Colonnade sculptée d'un temple.	85
Mont Abou.	Temple Vraypal Tejpal. Sanctuaire.	86
—	* — — Statues.	87
—	Temple Vimalsha. Intérieur	88
—	* Détails d'ornementation du temple précédent.	89
Nagda (près d'Odeypour).	* Temples ruinés dans les jungles	90
—	* Colonnade d'un ancien temple.	91
—	* Temple Banka. Détails d'architecture de l'extérieur et de l'intérieur.	92 à 94
—	* Temple de Sahaskot. Détails divers du portique et des statues entourant le dôme.	95 et 96
—	Temple de Narangika	97
Omkargi.	* Vue générale	98
—	* Temple de Sidesvhara.	99 et 100
—	* Temple de Vishnou.	101
Muttra.	Statues greco-hindoues	102
—	Tour Safti Bauri	103 et 104
Binderabum	Temple Gobindeo. Façade	105
—	— Intérieur et détails divers d'architecture	106, 107, 108 et 109
—	Temple de Madan Mohan	110 et 111
Odeypour.	Palais sur le bord du lac	112
—	* Palais du Maharana. Vue d'ensemble et détails.	113 et 115
—	Palais dans les îles du lac	116 et 117
—	* Mausolées des rois d'Odeypour	118 et 119

Ch. III. — Architecture du Guzrat

Ahmedabad.	Grande mosquée	120 et 121
—	* Mihrab de la grande Mosquée.	122
—	* Mosquée de Myrzapore. Détails d'un minaret.	123
—	Mosquée de Myrzapore. Façade	124 et 125
—	Mosquée Rani Sipri.	126 et 127
—	Mosquée Moafiz Khan. Détails d'architecture de l'extérieur et de l'intérieur.	128, 129 et 130
—	* Mosquée Moafiz Khan. Détails des mihrabs.	131, 132 et 133
—	* Mosquée de la reine à Saringpore. Piliers, mihrabs, détails divers d'architecture.	134 à 137
—	Mosquée de Koutab Shah	138 et 139
—	Minarets d'une ancienne mosquée	140
—	* Les Trois-Portes	141
—	Fenêtre de marbre sculpté d'une ancienne mosquée.	142

Ch. IV. — Architecture du centre de l'Inde

Ellora.	Temple Kailasa. Vue d'ensemble.	143, 144 et 145
—	* Piliers de l'intérieur du Kailasa.	146
—	Bas-reliefs et statues du Kailasa.	147
—	* Galeries souterraines dans les flancs de la montagne. Piliers et statues.	148
—	* Statues gigantesques dans l'intérieur du Kailasa.	149

4

		PLANCHES
Ellora,	* Temple d'Indra, intérieur. Détails des piliers et statues...	150
—	Temple d'Indra. Détails de la façade........	151 et 152
—	* Temple souterrain Donnemariena. Statues gigantesques..	153
—	* Même temple. Bas-reliefs et statues...........	154
Eléphanta.	Temple souterrain. Cour des Lions...........	155 et 156
—	Bas-reliefs. Colonnes et statues de l'intérieur du temple...	157 à 164
Ambernath.	Temple. Vue d'ensemble................	165
—	* Détails des sculptures de la façade du temple...	166, 167, 168 et 169
—	* Détails de colonnes sculptées dans l'intérieur du temple...	170 et 171

Ch. V. — Architecture du sud de l'Inde

Badami.	* Lac sacré et temples sur la montagne.........	172 à 175
—	Temples souterrains. Entrée, Détails d'architecture intérieure, piliers, bas-reliefs et statues (1).......	176 à 182
Chillambaram.	Entrée de la pagode................	183
—	* Etang sacré et gopuras de la pagode.........	184
—	* Détails d'ornementation d'une gopura.........	185
—	Colonnades sculptées d'un temple dans l'intérieur de la pagode...................	186
—	Façade du temple précédent.............	187
—	Détails des colonnes du temple précédent.......	188
—	* Colonnes d'un sanctuaire dans l'enceinte de la pagode. .	189 et 190
Tanjore.	Vue générale de la pagode prise en arrière......	191
—	Grande cour de la pagode..............	192
—	* Détails de sculptures de la grande tour pyramidale...	193
—	* Petit pavillon sculpté abritant le taureau sacré, détails divers...............	194, 195 et 196
—	* Sculptures et détails d'ornementation du temple de Subramanya................	197
Tripetty.	* Entrée de la gopura principale de la grande pagode...	198
—	* Intérieur de la cour de la grande pagode.......	199
—	* Sculptures de la gopura.............	200
—	* Statue sous la porte de la grande gopura.......	201
—	* Temple à colonnes dans l'intérieur de la pagode....	202
—	* Détails des sculptures du temple précédent......	203
—	* Ancien temple au pied de la montagne sacrée.....	204
—	* Colonnes d'un temple au pied de la montagne sacrée..	205
—	* Vue d'ensemble des gopuras de la montagne sacrée...	206
—	* Constructions entourant l'étang sacré au pied de la montagne................	207
—	* Etang sacré auprès du village de Tripetty.......	208
Conjeveram.	Gopura principale de la grande pagode........	209
—	* Détails de sculpture et d'architecture de la grande gopura.	210
—	Gopura intérieur de la pagode............	211
—	* Temple dans l'intérieur de la pagode. Vue d'ensemble et sculptures des piliers.............	212 et 213
—	* Temple à colonnes dans la cour de la pagode.....	214
—	* Intérieur d'un sanctuaire de la pagode........	215
—	* Gopura d'une autre pagode de Conjeveram......	216

(1) Nos sept planches représentent des détails d'intérieur, dont plusieurs avaient déjà été reproduits par Burgess. Bien que ces temples soient situés dans une région difficilement accessible, grâce aux travaux de Burgess, leurs détails sont très bien connus. Je ne connais même aucun autre temple de l'Inde pour l'étude duquel la photographie ait joué le même rôle. Si les mêmes procédés d'étude avaient été appliqués aux divers monuments de l'Inde, notre voyage eût été entièrement inutile.

		PLANCHES
Bijanagar.	* Grande pagode. Première enceinte intérieure.	217
—	* Grande pagode. Deuxième enceinte intérieure.	218
—	* Détails d'architecture de la deuxième enceinte de la pagode.	219
—	* Petit temple à colonnes dans l'intérieur de la pagode	220
—	* Détails d'architecture du temple précédent.	221
—	* Temple de Vitoba : Entrée.	222
—	* Piliers dans l'intérieur du temple précédent.	223
—	* Piliers dans l'intérieur du temple précédent.	224
—	* Détails d'architecture des piliers du temple de Vitoba.	225
—	* Sculptures dans l'intérieur du temple précédent.	226
Madura.	Gopuras de la pagode prises de l'étang sacré du Lotus d'Or.	227
—	Grande gopura.	228
—	* Détails d'architecture et sculptures d'une gopura	229
—	* Sculptures et piliers d'une gopura.	230
—	* Détails d'une gopura restée inachevée	231
—	* Entrée du temple de la déesse Minashki.	232
—	Galerie formée de piliers ornés de monstres sculptés, dans l'intérieur de la pagode	233
—	* Détails de quelques-uns des piliers précédents.	234 et 235
—	* Piliers du temple des Mille Colonnes.	236 et 237
—	* Peintures ornant les murs de la cour de l'étang du Lotus d'Or.	238
—	* Intérieur de l'un des principaux sanctuaires de la pagode. Détails d'architecture et statues.	239 et 240
—	Statues ornant une des galeries de la pagode.	241
—	* Statues de l'un des sanctuaires de la pagode.	242
Sriringam.	Vue d'ensemble de l'une des gopuras de la pagode	243
—	Détails de la gopura précédente.	244
—	Sculptures d'une autre gopura	245
—	* Autre gopura, statues	246
—	* Détails d'ornementation d'une autre gopura	247
—	Vue d'ensemble des gopuras de la grande pagode.	248
—	* Temple des Mille-Colonnes.	249
—	* Piliers formés de monstres, de chevaux et de personnages sculptés.	250, 251 et 252
—	Petit temple au centre d'un lac sacré, près de la ville	253
Trichinopoly.	Lac sacré et forteresse	254
—	La citadelle.	255
—	* Détails de piliers sculptés dans l'intérieur de la citadelle.	256
—	* Intérieur d'un temple dans la citadelle.	257
—	* Détails d'architecture du temple précédent	258
Kombakonum	* Etang sacré et gopuras de la grande pagode.	259
—	* Petit temple dans l'enceinte de la pagode	260
—	* Petits temples sur les bords de l'étang sacré	261
—	* Colonnade d'un temple dans l'enceinte de la pagode.	262
—	* Statues de la partie supérieure d'un temple dans le bazar.	263
—	* Sanctuaire du temple de Rama	264
—	* Intérieur du temple de Rama. Détails d'architecture	265
—	* Piliers sculptés, bas-reliefs, statues du temple de Rama etc.	266, 267 et 268
Villenour (près de Pondichéry).	* Pagode. Détails	269

LIVRE III. — ARCHITECTURE MUSULMANE DE L'INDE
(Du XIIe au XVIIe siècle après Jésus-Christ)
Ch. Ier. — Architecture antérieure à la période mogole

PLANCHES

Vieux Delhi (1).	Intérieur de la mosquée du Koutab et colonne de fer du roi Dhava.	270
—	Tour du Koutab.	271
—	Porte et pavillon d'Aladin.	272
—	Intérieur du mausolée d'Altamsh.	273 et 274
Ajmir.	Porte sculptée de la vieille mosquée.	275
—	Constructions autour du lac sacré de Pochkar.	276 et 277
Bijapour.	Mausolée du sultan Mahmoud.	278 et 279
—	* Grande mosquée. Entrée et intérieur.	280 et 281
—	Mosquée et mausolée d'Ibrahim Roza. Ensemble.	282
—	* Détails d'architecture, des minarets, des portes, des piliers, etc. de la mosquée précédente.	283, 284, 285, 286 et 287
—	* Le Mehturi Mahal.	288
—	* Mosquée Moutkar Jehan. Détails de la façade et de l'intérieur.	289 à 291
—	* Taj Bauri.	292 et 293
—	Arcades d'un ancien palais.	294 et 295
—	Ruines d'un ancien palais.	296
—	* Ruines de la citadelle.	297 et 298
—	* Anciennes fortifications.	299
Golconde.	* Murs de la forteresse et vue prise du haut de la forteresse.	300 et 301
—	Mausolées des rois de Golconde. Ensemble.	302 et 303
—	* Détails d'architecture de mausolées.	304 et 305
—	* Sarcophage royal dans l'intérieur d'un mausolée.	306

Ch. II. — Architecture de la période mogole

Agra.	Fort d'Agra. Vue extérieure.	307
—	* Fort d'Agra. Détails d'architecture de l'intérieur.	308
—	Le Palais Rouge. Vue de la façade.	309
—	* Le Palais Rouge. Détails d'architecture.	310
—	* Kiosque en marbre sculpté dans le fort.	311
—	La mosquée Perle. Intérieur.	312 et 313
—	* Grande mosquée. Façade.	314
—	Le Taj Mahal. Ensemble et détails d'architecture.	315, 316 et 317
—	Intérieur du Taj.	318
—	Mausolée d'Etmadaoula. Façade.	319 et 320
—	* Détails d'ornementation du monument précédent. (Fenêtres de marbre et briques émaillées).	321
Secundra.	* Mausolée de l'empereur Akbar. Vue d'ensemble.	324
—	* Même mausolée. Détails d'architecture. Portes, colonnes, etc.	325, 326 et 327
Futtehpore-Sikri.	* Palais de la reine Birbal.	328 et 329
—	* Le Khas Mahal.	330
—	* Palais de l'Impératrice.	331 et 332
—	* Pilier d'Akbar, dans la salle d'audience.	333
—	Le Panch Mahal.	334 et 335
—	Grande mosquée. Porte monumentale.	336
—	* Détails d'ornementation de l'intérieur de la mosquée.	337

(1) Les monuments de Delhi appartenant à la période mogole sont énumérés plus loin.

		PLANCHES
Futtehpore-Sikri.	* Mausolée en marbre blanc sculpté de Selim Christi	338
Delhi (période mogole) (1)	* Porte de Cachemyr et anciennes fortifications mogoles	339
—	Palais des rois mogols. Salle d'audience.	340 et 341
—	* Détails d'ornementation de l'intérieur du palais. . .	343 et 344
—	* Mosquée de marbre blanc dans l'enceinte du palais .	345
—	* Mausolée de Saflar Jang, près de Delhi. Façade. . .	346
—	* Détails d'ornementation de l'intérieur du monument précédent et du tombeau	347 et 348
Lahore.	* Porte monumentale de la mosquée d'Aurengzeb. . .	349
—	Mausolée de Runjet-Sing.	350
—	* Mosquée Vizir Khan.	351
—	* Palais des Miroirs. Détails d'ornementation de l'une des salles	352 et 353
—	* Mausolée de Jehanguir. Détails d'ornementation et dessin des briques émaillées.	355 et 356

Ch. III. — Architecture révélant l'influence musulmane dans diverses régions de l'Inde où la plupart des monuments sont hindous.

Gwalior.	Mausolée de Mohamed Gaus	357
Mahoba.	* Constructions musulmanes sur le bord du lac	358
Khajurao.	* Mausolée de Pertab Sing.	359
Madura.	Vue du palais	360
—	* Détails divers de colonnes, bas-reliefs, motifs d'architecture du palais de Madura	361, 362 et 363

LIVRE IV. — ARCHITECTURE INDO-TIBÉTAINE (2)

Sambunath (Népal).		Grand temple. Vue d'ensemble	364
—	—	* Détails divers, bas-reliefs et sculptures du temple précédent.	365, 366 et 367
Buddnath	—	* Grand temple	368 et 369
Patan	—	Place du Palais-Royal.	370
—		* Pilier surmonté de la statue d'un personnage royal .	371
—		* Grand temple sur la place du palais	372
—		* Porte en bronze ciselé du palais du roi	373
—		* Détails d'ornementation de la façade du palais du roi.	374 et 375
—		* Pagode en brique et bois sculpté à plusieurs étages. Vue d'ensemble et détails des sculptures	376 et 377
—		* Grande pagode	378
—		* Piliers en bois sculptés d'une maison	379
—		* Colonnade en bois sculpté d'une maison.	380
Bhatgaon		* Place du Palais-Royal	381
—		* Temple en pierre orné de sculptures	382
—		* Palais du roi. Détails d'architecture	383 et 384
—		* Pagode en brique et bois sculpté à plusieurs étages. Ensemble et détails	385 à 387
—		Grande pagode à cinq étages	388 et 389
Khatmandou	—	* Pagode à un étage.	390
—		* Pagode sur la place du Palais-Royal	391

(1) Les monuments de Delhi antérieurs à la période mogole sont énumérés plus haut.

(2) Plusieurs de ces planches ont été gravées pour illustrer la relation de notre voyage au Népal, publiée par le *Tour du Monde*. Deux planches en couleur consacrées à divers monuments du Népal figurent dans notre ouvrage *La Civilisation de l'Inde*. Tous ces monuments présentent une variété de formes une richesse de coloris qui permettent de les classer parmi les monuments les plus frappants de l'Orient.

		PLANCHES
Katmandou	* Détails d'ornementation d'une pagode	392
—	* Temple en pierre sculptée	393
—	* Façade sculptée d'une maison	394
—	* Façade sculptée d'un temple	395
—	* Façades sculptées de palais des seigneurs	396 et 397
Pashpatti —	* Temple en pierre	398
—	* Pagodes	399

LIVRE V. — ARCHITECTURE INDOUE MODERNE

Bénarès.	Temples sur les bords du Gange	400
—	* Temple des Singes. Détails divers d'architecture	401 et 402
Amritsir.	Le temple d'or dans le lac de l'Immortalité	403 à 405
Ahmedabad.	* Temple Jaina moderne. Façade	406
Sud de l'Inde.	* Statuettes modernes en pierre exécutées dans le sud de l'Inde	407

Dijon. Imp. Darantiere, rue Chabot-Charny, 65.

www.ingramcontent.com/pod-product-compliance
Lightning Source LLC
Chambersburg PA
CBHW060912050426
42453CB00010B/1675